Klipp und Klar

zwei Freunde *tanzen* aus der Reihe

Bibliografische Information der Deutschen Bibliothek
Die Deutsche Bibliothek verzeichnet diese Publikation in der Deutschen Nationalbibliografie; detaillierte bibliografische Daten sind im Internet über http://dnb.ddb.de abrufbar.

www.buchverlagkempen.de

1. Auflage, Kempen 2015

Nach der neuen deutschen Rechtschreibung

Idee und Illustrationen: Karin Reheis, Icking
Lektorat: Sandy Willems-van der Gieth, BVK
Umschlaggestaltung: Karin Reheis, Icking
Gestaltung: Laura Dohmen, BVK
Druck / Bindung: GrafikMediaProduktionsmanagement, D-Köln

Printed in Europe

Best.-Nr.: LI82, ISBN 978-3-86740-565-2

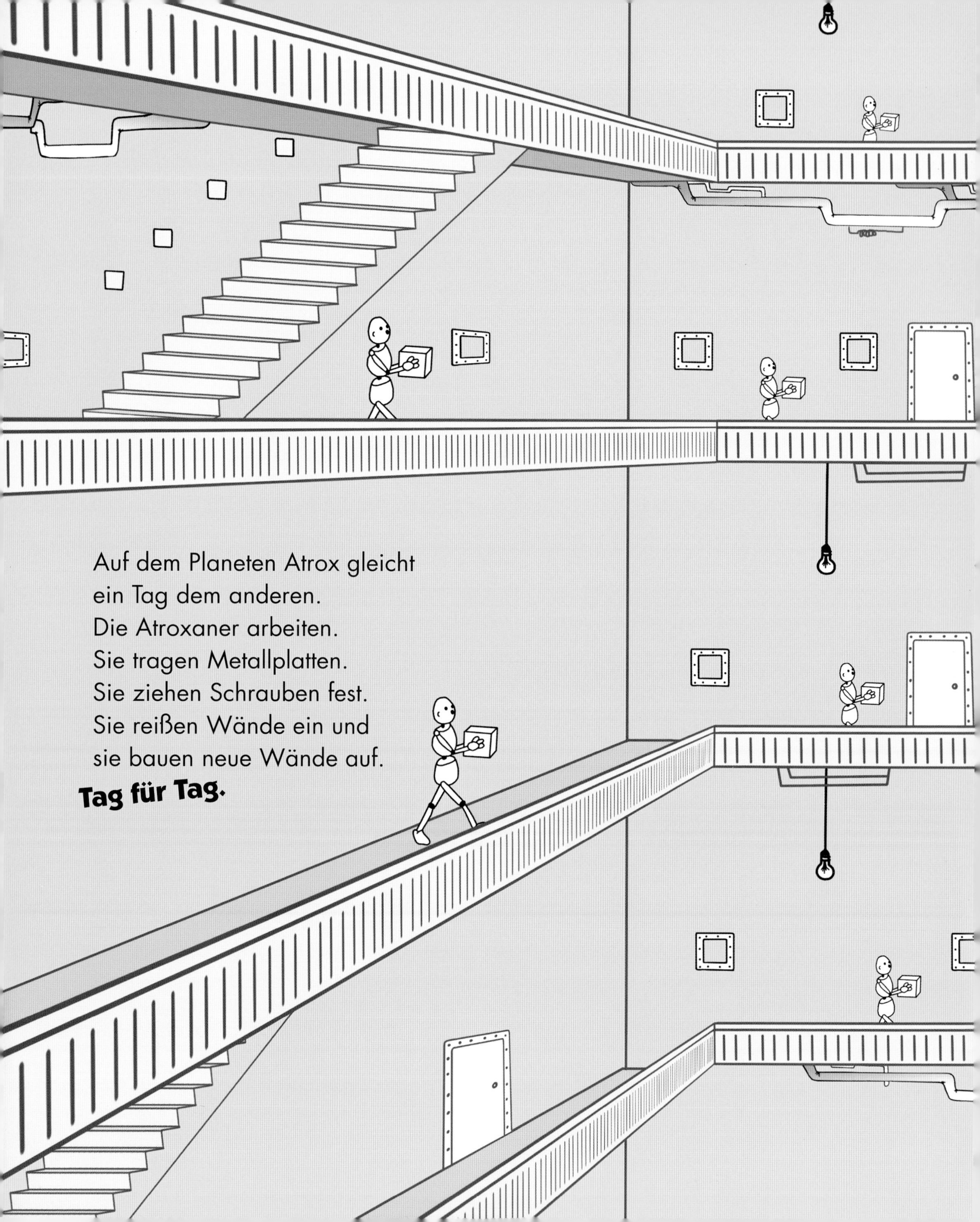

Auf dem Planeten Atrox gleicht
ein Tag dem anderen.
Die Atroxaner arbeiten.
Sie tragen Metallplatten.
Sie ziehen Schrauben fest.
Sie reißen Wände ein und
sie bauen neue Wände auf.

Tag für Tag.

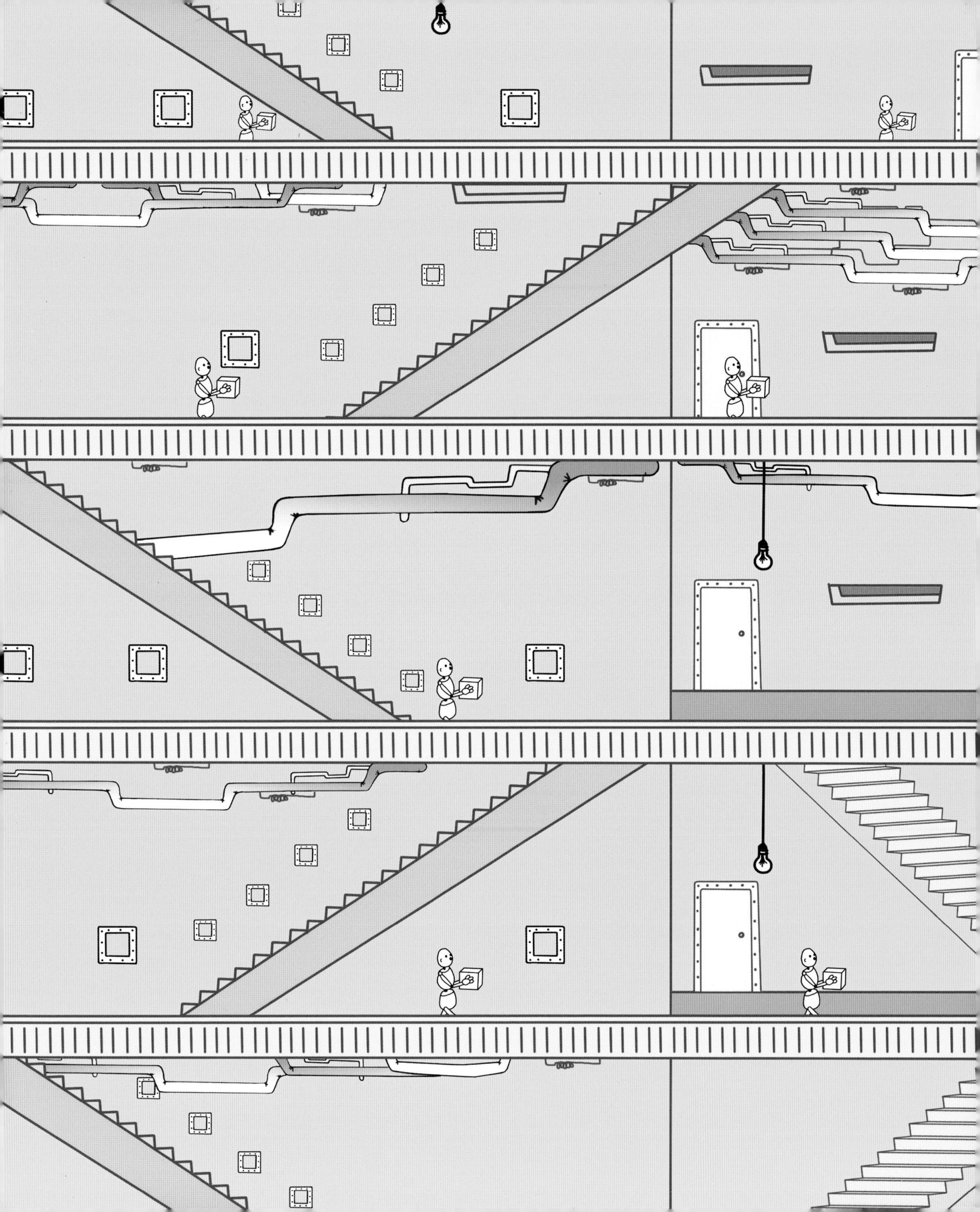

Die Atroxaner marschieren durch die Gänge und arbeiten in ihrer Fabrik.
Sie sind sehr fleißig.

Doch nach einiger Zeit ist ihre Energie aufgebraucht und
sie müssen zum Aufladen in den Ladegang gehen.

R51

R522713 arbeitet wie alle anderen.
Er trägt eine schwere Metallplatte zum Lager.
Klipp! … Was war das?
R522713 stellt die Metallplatte ab. Er schaut sich um.
Alles ist wie immer. Oder nicht?
R522713 hebt den rechten Fuß.
Klipp! – Auf dem Boden liegt ein kleines Stückchen Plastik.
Wenn der kleine Atroxaner es bewegt, macht es **Klipp!**
Immer wieder: **Klipp!**

R522713

R522713 lächelt.
Vorsichtig tritt er auf das Plastikstückchen.

Klipp! Klipp! Klipp! Klipp!

Was für ein tolles Geräusch!

„**Klipp** – das ist mein Name“, denkt R522713.
„Wie schön! Mit einem Namen bin ich nicht nur eine Nummer von vielen …“ ***Klipp*** klingt einfach cool.

Seit R522713 Klipp heißt, ist alles anders. Wenn man einen richtigen Namen hat, hebt man den Kopf. Und wenn man den Kopf hebt, dann entdeckt man Dinge. Neue Dinge, interessante Dinge, spannende Dinge – wie die Tür. Die muss Klipp sich anschauen!

Doch die anderen Atroxaner werden sehr aufgeregt, als Klipp sich der Tür nähert. Sie laufen zu ihm und schubsen ihn weg. Sie pfeifen laut und schrill und rufen:

„Nicht die Tür öffnen!
Das tut man nicht!
Das darf man nicht!"

Traurig geht Klipp wieder an seine Arbeit.

T141300
R906298
LADE

Eines Tages geschieht etwas Unglaubliches. Ein **Neuer** ist da. Einfach so. Wie sieht der denn aus? Irgendwie komisch. Er glänzt nicht und sein Ladestecker ist auf der falschen Seite. Aha … ein **Fehler.** Der Neue wurde falsch zusammengebaut.

„Ganz **klar** – eine Fehlproduktion!“
„Man hätte ihn zerstören sollen, das ist doch **klar**.“
R90629
R117104
T034661

Auf einmal weiß Klipp:
Der Neue hat einen richtigen Namen, wie Klipp.
Er heißt nämlich ganz klar – **Klar.**

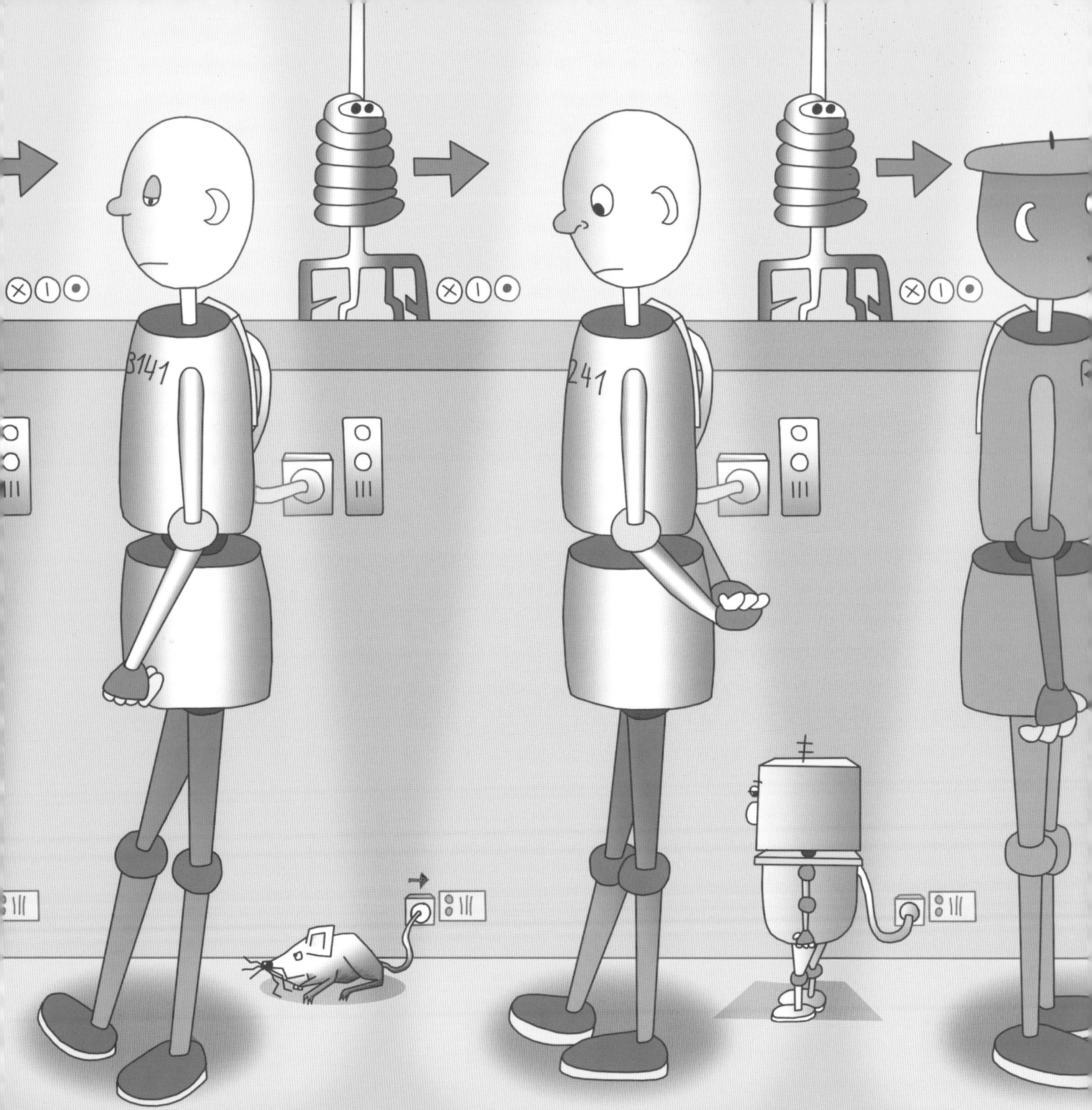

Klar ist **kräftig** und **geschickt.** Er arbeitet fleißig wie alle Atroxaner. Er trägt Metallplatten und er zieht Schrauben fest. Und wenn seine Energie aufgebraucht ist, dann steht er im Ladegang und … schaut Klipp direkt ins Gesicht!

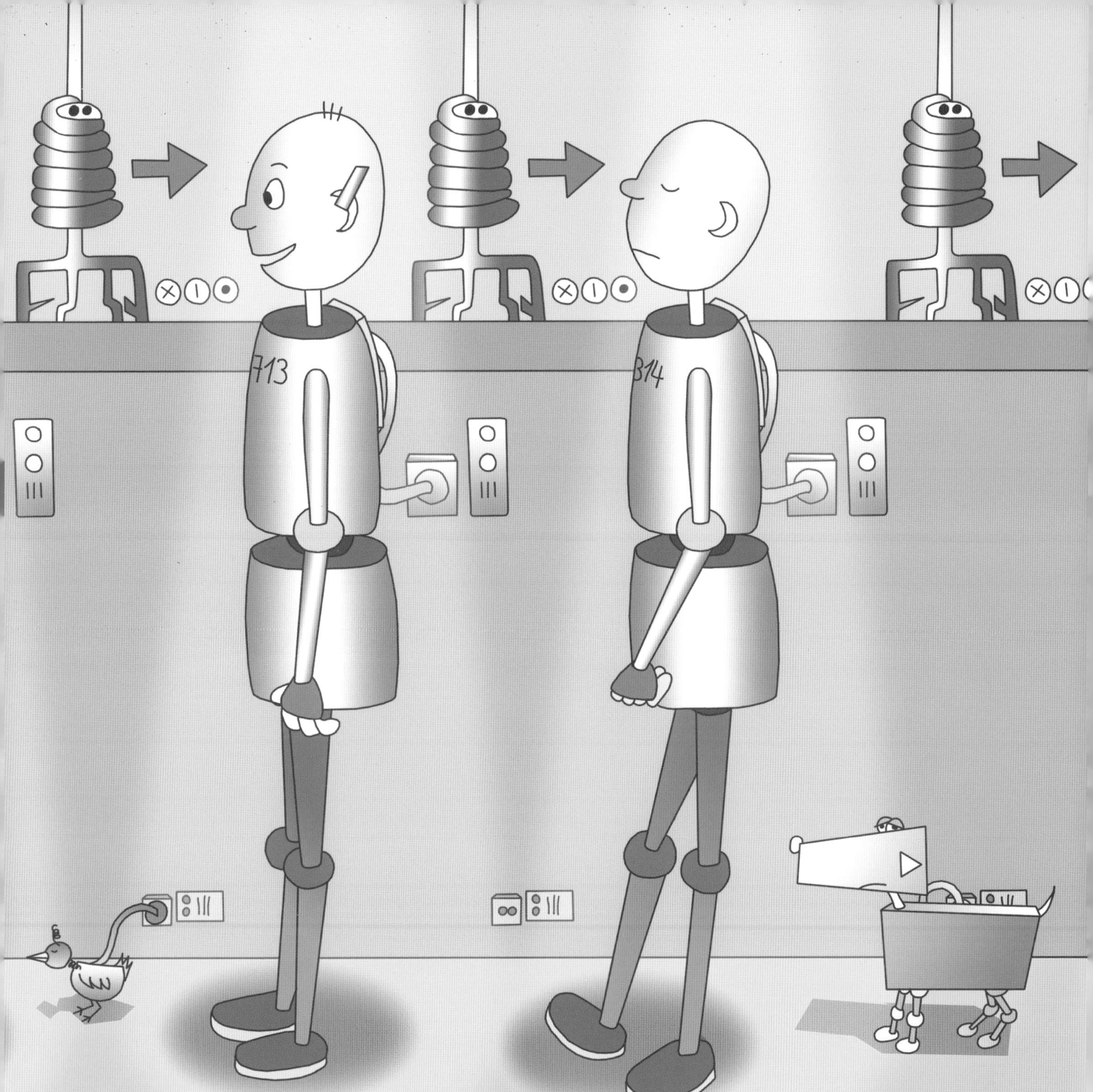

„Ha- ha- hallo, Klar“, stottert Klipp.
„Ist das mein Name? Klar?“, fragt Klar.
Klipp nickt. „Und ich heiße Klipp“, sagt er und lächelt.

Eines Tages passiert etwas ...

Ein **Meteorit!** Er ist aus dem Weltall herabgerast und mitten in die Fabrik gekracht! Er hat Mauern einstürzen lassen. Viele Atroxaner sind unter den Trümmern begraben.

Krachach

Zuerst werden die verschütteten Atroxaner gerettet. Das ist das Wichtigste.
Dann muss alles aufgeräumt werden. Das ist eine Menge Arbeit.
Die Atroxaner schieben und schleppen, sie wühlen und graben,
sie ziehen und zerren.

Alle arbeiten hart, aber niemand schafft so viel wie Klipp und Klar.

Gemeinsam sind die beiden unschlagbar.

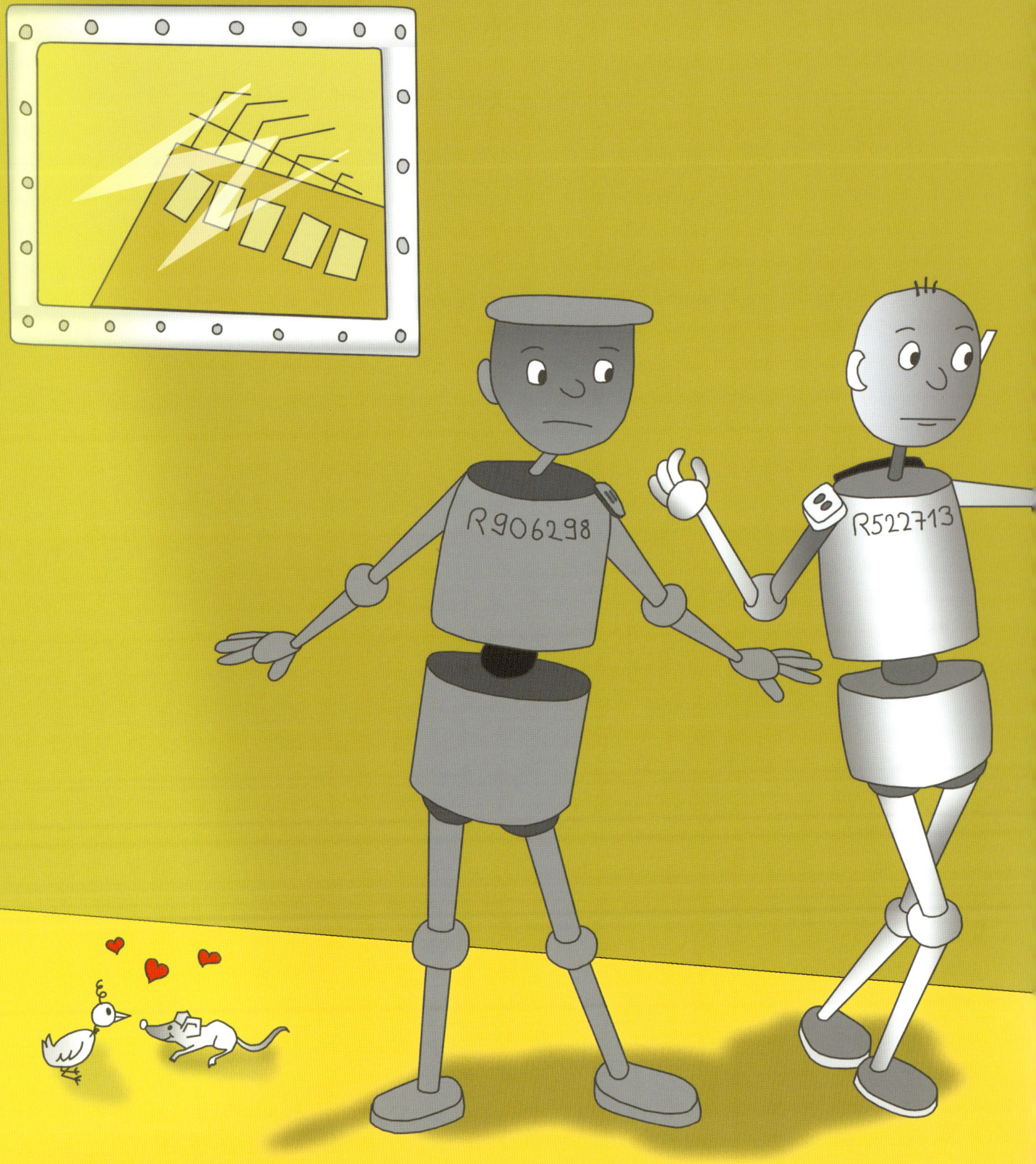

Seit dem Unglück sind Klipp und Klar unzertrennlich.
Sie stehen zusammen im Ladegang und sie schleppen gemeinsam Metallplatten.

Sie ziehen zu zweit Schrauben fest und sie stehen – huch – nebeneinander vor … **der verbotenen Tür!** Was mag nur dahinter sein?

Die anderen Atroxaner sind alle beschäftigt. Niemand pfeift laut und schrill.
Keiner schubst Klipp und Klar weg. Das ist die Gelegenheit.
Vorsichtig öffnen die Freunde die verbotene Tür.
Nur einen Spalt, einen winzigen Spalt. **„Oooooooh …“**, flüstert Klipp,
„so viele Farben!“ „Und so viele Blumen“, wispert Klar.

Bevor jemand bemerkt, dass sie durch die Tür geschaut haben, gehen sie wieder an ihre Arbeit. Die Metallplatten wiegen fast gar nichts mehr. Die Schrauben ziehen sich beinahe von selbst fest.

Als die ersten Atroxaner im Ladegang stehen, arbeiten Klipp und Klar noch immer. Ihre Plätze bleiben leer.

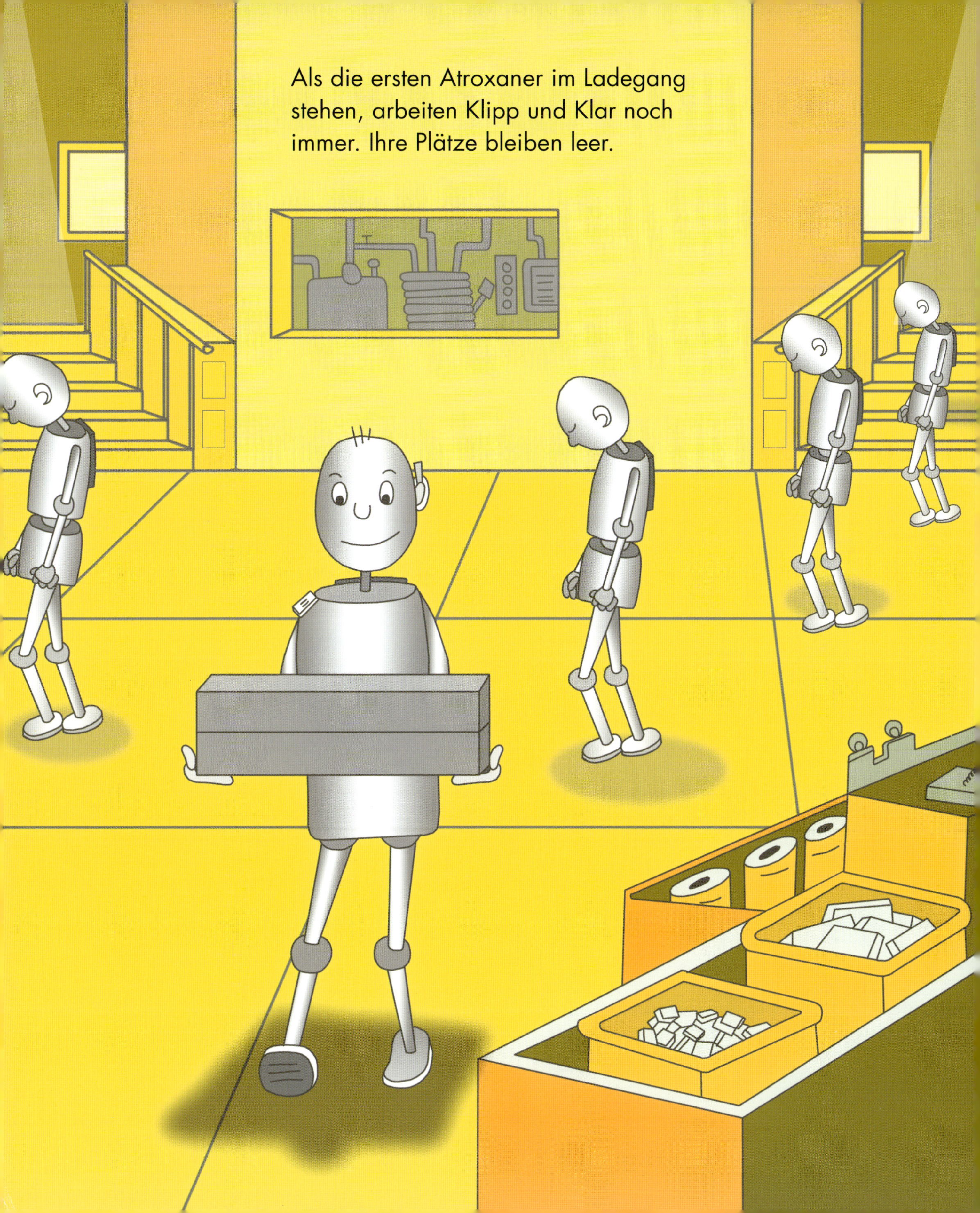

Doch dann schwinden Klipps Kräfte und er bewegt sich immer langsamer. Auch Klar wird schwächer und schwächer. Aber nun sind die Plätze im Ladegang alle besetzt. Oh nein! Was sollen Klipp und Klar jetzt machen? Sie brauchen dringend neue Energie!

Da hat Klipp eine Idee: **Die verbotene Tür!**

Werden sie es schaffen?

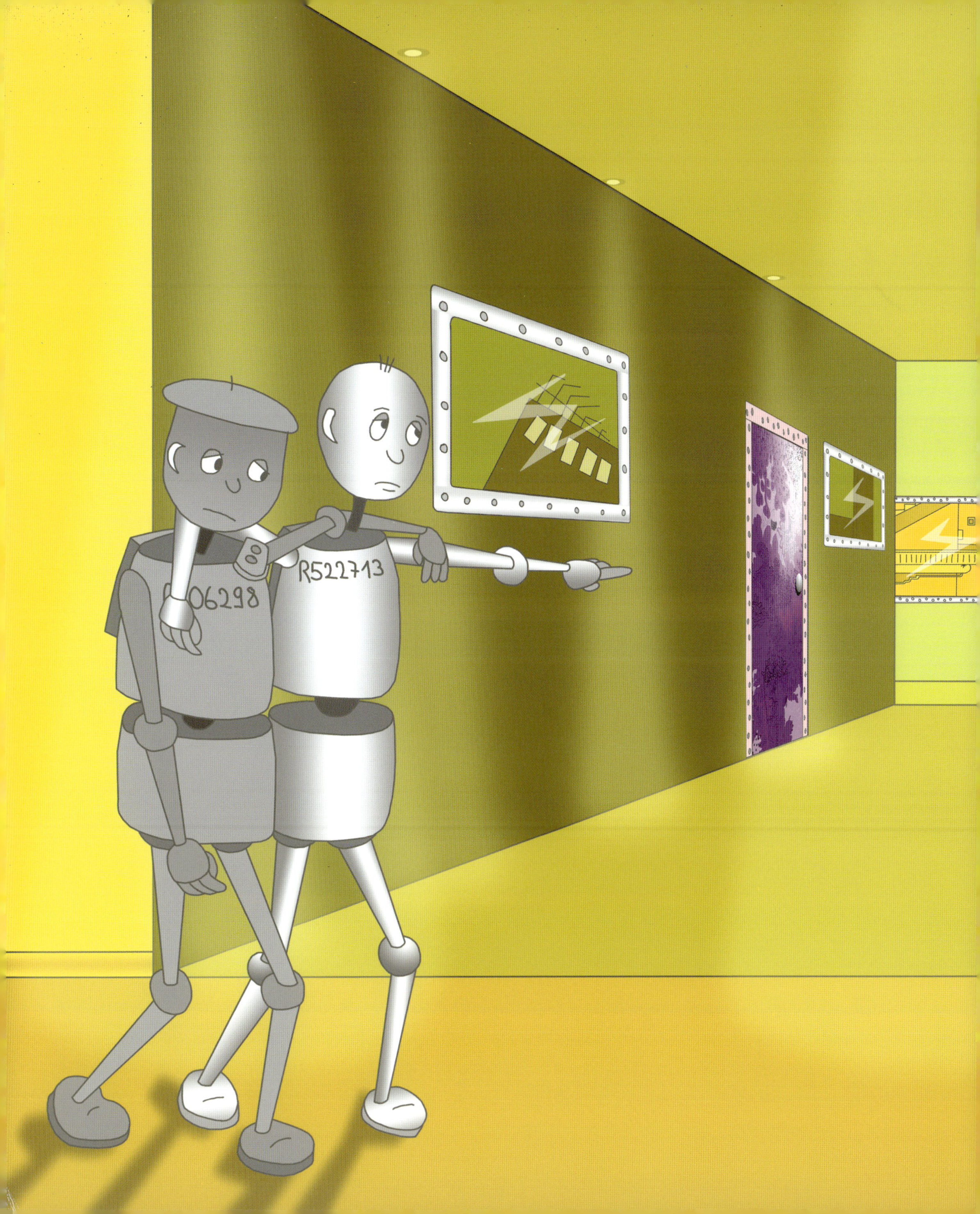
06298
R522713

R522713

Klipp und Klar schleppen sich zu der geheimnisvollen Tür. „Ich kann nicht mehr!“, wimmert Klipp und bricht zusammen. **„Nicht aufgeben“,** ruft Klar und zerrt seinen Freund hinter sich her.

Mit letzter Kraft öffnet er die verbotene Tür. Er zieht Klipp hinaus und sie taumeln ins Sonnenlicht, das warm in ihre Körper strömt.

Klipp und Klar sind gar nicht mehr müde. Sie recken und strecken sich. Sie haben doch nicht etwa geschlafen? Ringsherum ist es strahlend hell und herrlich bunt: Blumen, Bäume, Sonnenschein, Gräser, Bienen, Schmetterlinge. „Was ist passiert?", fragt Klipp.

„Wir sind – **aufgeladen,** glaube ich“, sagt Klar.
„Die Sonne scheint auf unsere Solarzellen.
Ich fühle mich so kräftig wie noch nie!“
Klipp lacht. „Ich mich auch.“

NEIN!
Das tut man nicht!
NEIN!
nicht die TÜR!
93341
NEIN!
1167
21334
nicht die T
Das tut man nicht!

„Mmmmh, wie sie duften!“
„Wie warm sie ist!“
„Schau nur, die Sonne!“
Das tut man … doch!
„Oh, die schönen Blumen!“
T147781

Autorin

Barbara Peters lebt in der norddeutschen Schlossstadt Ahrensburg. Wenn sie nicht gerade segelt, singt oder mit ihren Theater-AGs die nächsten Aufführungen vorbereitet, schreibt sie für Kinder und Jugendliche. Sie arbeitet unter anderem für Esslinger und arsEdition. Im BVK sind bereits verschiedene Kinderbücher, Logicals und Theaterstücke von ihr erschienen. Weitere Informationen findet man auf ihrer Homepage *www.barbarapeters.de.*

Illustratorin

Karin Reheis lebt seit 2002 mit ihrer Familie (Mann, zwei Kinder und Hund) in Icking bei München und arbeitet seit 2009 als freiberufliche Illustratorin bzw. Webdesignerin. Als Illustratorin hat sie bei verschiedenen Verlagen veröffentlicht und liebt es, sich lustige oder auch nachdenkliche Geschichten auszudenken.

Barbara Peters
Finsterstern und Funkelstein

Finsterstern wird ständig von den anderen Sternen ausgelacht, weil er nicht so schön leuchtet wie die anderen. Nun hat er es satt und springt auf die Erde hinunter. Dort trifft er auf einen funkelnden Stein, der auch immer gehänselt wird: „Du bist gar kein richtiger Stein“. Gemeinsam werden Finsterstern und Funkelstein ein wunderbares Team!

Bilderbuch, ab 3 J., 36 S.
Best.-Nr.: LI61, EUR 9,90
ISBN 978-3-86740-385-6

Barbara Peters
Theodor Tinte trifft seine Helden

Der Dichter Theodor Tinte muss mal wieder Geld verdienen und schreibt daher die einhundertundzwölfte Abenteuergeschichte über den mutigen Löwen Ludwig, der die ängstliche Antilope Alexander verfolgt.

Plötzlich sitzt ein leibhaftiger Löwe schüchtern auf seinem Sofa und bittet um eine Tasse Tee, während eine muskulöse Antilope lässig die wild bellende Dackeldame Daisy angrinst.

Die beiden Helden aus Theodors Geschichten haben es satt, die immer gleichen, klischeehaften Abenteuer zu bestreiten – und sagen dem Dichter ordentlich die Meinung.

Bilderbuch, ab 3 J., 36 S.
Best.-Nr.: LI33, EUR 9,90
ISBN 978-3-938458-89-1

Henriette Kröger
Hannes und die Müllmonster

Jeden Mittwoch verliert Hannes gegen seinen Bruder im Armdrücken – und das heißt: Er muss den Müll rausbringen. Aber heute ist alles anders! In der Mülltonne entdeckt Hannes eine Krone. Als er nach ihr greift, plumpst er plötzlich in die Tonne hinein und landet in einer anderen Welt, der Welt der Müllmonster. Bio-Monster, Papier-Monster und Gelbe Säcke kreuzen seinen Weg. Und alle sind auf der Suche nach einem wichtigen Gegenstand. Ist es vielleicht Hannes' Krone?

Bilderbuch, ab 3 J., 56 S.
Best.-Nr.: LI73, EUR 14,90
ISBN 978-3-86740-473-0

Guido Kasmann
Sing, Luisa, sing!

Eines Tages läuft Luisa voller Freude zu Mama und Papa Ziege in den Stall und sagt: „Hört nur, ich kann singen wie eine Amsel. Klingt das nicht wunderschön?"
Und sie beginnt zu singen.
„Hör auf damit! Das ist ja lächerlich. Eine Ziege, die wie eine Amsel singen will. Was soll das?", schimpft Papa Ziege. Luisa wird traurig. „Warum darf ich nicht singen? Wenn ich singe, ist das Leben so schön."
Auch die anderen Tiere des Bauernhofes machen sich lustig über Luisas Freude am Singen. Nur Bodo, der Stier, versteht sie.

Luisa fasst einen Entschluss …

Bilderbuch, ab 3 J., 36 S.
Best.-Nr.: LI68, EUR 9,90
ISBN 978-3-86740-404-4